Inhalt

Italien - Heilsbringer Berlusconi?

Kernthesen

Beitrag

Fallbeispiele

Weiterführende Literatur

Impressum

Italien - Heilsbringer Berlusconi?

W.Sydow

Kernthesen

- Silvio Berlusconi ist erneut zum Ministerpräsidenten Italiens gewählt worden. Er und seine Mitte-Rechts-Koalition Volk der Freiheit haben den Hauptrivalen Walter Veltroni von der Demokratischen Partei besiegt.
- Berlusconi will die lahme Wirtschaft ankurbeln, indem er die Steuern auf das Eigenheim sowie auf Überstunden abschaffen will. Die demografische Entwicklung will er durch eine Babyprämie von 1 000 Euro fördern.
- Der Internationale Währungsfonds prognostiziert, dass das italienische

Bruttoinlandsprodukt 2008 lediglich um 0,3 Prozent wachsen wird Italien ist damit Schlusslicht in der EU.

Beitrag

Italien setzt wieder auf Berlusconi, um die Wirtschaftsmisere zu meistern. Doch ob er mit seinem Wahlprogramm die grundlegenden Probleme des Landes lösen kann, ist fraglich.

Absolute Mehrheit im Parlament

Ende Januar 2008 ist Italiens Ministerpräsident Romano Prodi und seine Mitte-Links-Regierung nach 20 Monaten Amtszeit an den Zerwürfnissen der eigenen Koalition gescheitert und nach einem Misstrauensvotum zurückgetreten. Staatspräsident Giorgio Napolitano hat deswegen Neuwahlen ausgerufen. Hauptkandidaten waren Silvio Berlusconi und Walter Veltroni. Silvio Berlusconi war vor Prodi bereits sechs Jahre Ministerpräsident. Walter Veltroni war Bürgermeister von der italienischen Hauptstadt Rom. Berlusconis Mitte-Rechts-Koalition Popolo della Libertà (PDL, übersetzt: Volk der Freiheit) aus Forza Italia, Alleanza Nazionale und Lega Nord haben schließlich die Wahlen gewonnen. Der Rivale Veltroni von der Demokratischen Partei (PD) führt künftig die Opposition im Parlament an. Das siegreiche Bündnis hat in beiden Häusern des Parlaments die absolute Mehrheit erreicht: im Senat 168 von 301 ausgezählten Sitzen, in der Abgeordnetenkammer mindestens 340 von 617 ausgezählten Sitzen. Die Linksopposition also die PD von Veltroni sowie die verbündete Partei Italien der Werte stellen rund 130 Senatoren und 139 Abgeordnete. Die Stimmen der Auslands-Italiener sind dabei noch nicht berücksichtigt. Die radikale Linke scheiterte an der Vier-Prozent-Hürde. Damit ist die Ära der vielen Splitterparteien im Parlament beendet. Die italienische Wirtschaft zeigt sich erfreut über die klaren Mehrheitsverhältnisse für die neue Regierung. Es gibt Stabilität, urteilt Luca di Montezemolo, der Vorsitzende des Unternehmer- und Arbeitgeberverbandes Confindustria. So seien auch Reformen möglich. (2), (5), (6)

Wahlversprechungen Berlusconis

Überzeugt hat der 71-jährige Berlusconi mit seinem Programm, das vornehmlich auf Steuersenkungen setzt. Er will keine Steuern mehr aufs Eigenheim veranschlagen, genauso wie auf Überstunden sowie 13. und 14. Gehälter. Dadurch will der künftige

Ministerpräsident die Wirtschaft im Land wieder ankurbeln. Zudem will Berlusconi aufgrund der hohen Immobilienpreise preisgünstige Wohnungen für junge Paare bauen lassen, um die demografische Entwicklung positiv zu beeinflussen. Auch die Steuern für kinderreiche Familien sollen gesenkt werden und eine Babyprämie von jeweils 1 000 Euro ausgezahlt werden. Der künftige Ministerpräsident will außerdem das Renteneinstiegsalter höher ansetzen, die Bezüge sollen allerdings an die Inflation angepasst werden. Um seine wichtigsten Wahlversprechen (Steuersenkung, Babyprämie) einhalten zu können, braucht Berlusconi für das laufende Jahr rund vier Milliarden Euro. (2), (4), (6)

Schlechte Konjunkturprognosen

Die neue Regierung hat keine leichte Aufgabe auf sich genommen. Die Wirtschaft in Italien lahmt. Die Ausläufer der weltweiten Finanzkrise treffen das Mittelmeerland stärker als so manch anderen EU-Staat. Italienische Banken hatten eigentlich nicht so viele Risikopapiere gekauft wie etwa deutsche Finanzinstitute oder amerikanische. Doch Italiens Wirtschaftskraft basiert vornehmlich auf Exporten, welche aber bei der derzeitigen unsicheren Weltwirtschaftslage zurückgehen. Der Internationale

Währungsfonds (IWF) rechnet mit einem Wachstum des Bruttoinlandsprodukts von nur 0,3 Prozent für 2008 die italienische Wirtschaft wird also im laufenden Jahr nahezu stagnieren. Laut den Prognosen des IWF liegt das Land damit auch am Ende der Rangliste der EU-Staaten. Italiens Politiker betrachten diese Schätzungen als überzogen, wissen allerdings um die schlechte Lage ihres Landes. Auch der OECD beurteilt die Zukunft Italiens nicht besonders positiv: Italien ist das Schlusslicht der 30 Industrieländer in Sachen Produktivitätswachstum. Die Probleme liegen auf der Hand: Viele italienische Firmen sind in Branchen aktiv, die viel Handarbeit erfordern wie etwa die Textilindustrie. Die viel billigeren Produkte aus Asien bilden eine starke Konkurrenz. In Forschung und Entwicklung wird in Italien nicht allzu viel investiert, das Volumen liegt weit unter dem europäischen Durchschnitt. Doch nicht nur mit der Produktivität hat das Mittelmeerland zu kämpfen, auch die Inflationsrate macht ihm zu schaffen. Im März dieses Jahres erreichte sie ihren höchsten Wert seit zwölf Jahren. Die Preise für Pasta, Brot und Energie sind enorm gestiegen. Viele Familien können mit ihren Nettogehältern nach Portugal die niedrigsten in West- und Südeuropa - nicht mehr überleben. Diese schlechten Verhältnisse beeinflussen unter anderem die demografische Entwicklung. Die Geburtenrate ist niedrig und die Zahl der Rentner enorm. (4), (6)

Alitalia: Marodes Staatsunternehmen

Ein weiteres zentrales Problem stellt die staatseigene Fluggesellschaft Alitalia dar. Das Unternehmen zehrt derzeit monatlich Liquidität von 100 Millionen Euro auf. Die italienische Regierung sucht daher bereits seit geraumer Zeit nach einer Lösung. Es ist bereits mit einer Reihe von potenziellen Investoren über eine Übernahme verhandelt worden. Zuletzt mit der Fluggesellschaft Air France-KLM. Insbesondere Berlusconi lehnte diese Möglichkeit ab: Er wollte, dass Alitalia in italienischen Händen bleibt. Gescheitert ist die Übernahme durch Air France-KLM schlussendlich an den Gewerkschaften, die nicht bereit waren, dem Sanierungsplan des französisch-niederländischen Konsortiums zuzustimmen. Berlusconi brachte dann noch eine italienische Käufergruppe ins Spiel, die an Alitalia interessiert sei. Doch Konkretes konnte der künftige Ministerpräsident bislang noch nicht vorweisen. Sein scheidender Vorgänger Romano Prodi bewilligte schließlich einen Staatskredit von 300 Millionen Euro für die Fluggesellschaft, um der neuen Regierung einen zeitlichen Puffer für einen Lösungsweg zu ermöglichen. Die Finanzspritze muss bis Jahresende zurückgezahlt werden. Da Staatssubventionen aber gegen die Regeln der Europäischen Union verstoßen, hat Italiens Regierung den Kredit damit begründet, dass er dazu diene, eine unabdingbare öffentliche Dienstleistung zu garantieren und eine Unterbrechung nationaler Verbindungen und ein Problem der öffentlichen Sicherheit zu vermeiden. Dennoch meldet die Europäische Kommission Zweifel an dem Kredit an: Nur wenn der Kredit zu Marktkonditionen vergeben wird, dann wäre er zulässig. Die Behörde forderte die italienische Regierung deshalb auf, genauere Informationen über die Konditionen anzugeben. (1), (3), (7)

Fallbeispiele

Das italienische Vorzeigeunternehmen Fiat kennt im Gegensatz zum italienischen Staat keine Konjunktursorgen: Der Autobauer aus Turin konnte im ersten Quartal 2008 weiterhin verbesserte Ergebnisse vorlegen. Der Konzernumsatz ist um zehn Prozent auf 15 Milliarden Euro geklettert, der Nettogewinn um knapp 14 Prozent auf 427 Millionen Euro. Hauptsächlich im Ausland konnte Fiat seinen Absatz stärken, im eigenen Land nahm die Nachfrage um rund 12 Prozent ab. (10)

Die italienische Großbank Unicredit hat im ersten Quartal 2008 herbe Einbußen durch die internationale Kreditmarktkrise einstecken müssen. Der dadurch entstandene Verlust von rund 675 Millionen Euro in den ersten drei Monaten dieses Jahres war sogar größer als derjenige im gesamten Vorjahr. Insbesondere Abschreibungen auf forderungsbesicherte Wertpapiere (ABS) in Höhe von rund 650 Millionen Euro hätten diese Entwicklung beeinflusst. Trotz dieser Verluste im Kapitalmarktgeschäft rechnet das Finanzinstitut mit einem Konzerngewinn von rund einer Milliarde Euro für die ersten drei Monate dieses Jahres. Im Vergleichszeitraum des Vorjahres hatte Unicredit von einem Nettogewinn nach Minderheitsanteilen von 1,78 Milliarden Euro berichtet. (11)

Weiterführende Literatur

(1) 300 Millionen Euro Staatskredit für Alitalia
aus Frankfurter Allgemeine Zeitung, 23.04.2008, Nr. 95, S. 19

(2) ITALIEN Freie Hand für Silvio Berlusconi
aus Focus, 21.04.2008; Ausgabe: 17; Seite: 230-232

(3) EU hat Zweifel an Alitalia-Kredit

aus Frankfurter Allgemeine Zeitung, 25.04.2008, Nr. 97, S. 12

(4) Italien Parteien punkten mit Ökonomie
aus HANDELSBLATT online 08.04.2008 10:00:01

(5) Italiens Wirtschaft erleichtert über klare Verhältnisse
aus Frankfurter Allgemeine Zeitung, 16.04.2008, Nr. 89, S. 13

(6) Lahmes Wachstum, hohe Preise - und die Bevölkerung ist zu alt
aus Handelsblatt Nr. 073 vom 15.04.08 Seite 5

(7) Schuld sind immer nur die anderen
aus Frankfurter Allgemeine Zeitung, 29.04.2008, Nr. 100, S. 21

(8) Senat wählt Schifani zum Präsidenten
aus Frankfurter Allgemeine Zeitung, 30.04.2008, Nr. 101, S. 7

(9) Berlusconi will Kassenprüfung durch externe Fachleute
aus Frankfurter Allgemeine Zeitung, 22.04.2008, Nr. 94, S. 12

(10) Fiat kennt keine Konjunktursorgen
aus Frankfurter Allgemeine Zeitung, 25.04.2008, Nr. 97, S. 21

(11) Kreditkrise trifft Unicredit härter

aus Frankfurter Allgemeine Zeitung, 24.04.2008, Nr. 96, S. 17

Impressum

Italien - Heilsbringer Berlusconi?

Bibliografische Information der deutschen Nationalbibliothek

Die Deutsche Nationalbibliothek verzeichnet diese Publikation in der deutschen Nationalbibliografie; detaillierte bibliografische Daten sind im Internet über http://dnb.d-nb.de abrufbar.

ISBN: 978-3-7379-1640-0

© 2015 GBI-Genios Deutsche Wirtschaftsdatenbank GmbH, Freischützstraße 96, 81927 München, www.genios.de

Alle Rechte vorbehalten. Dieses Werk ist einschließlich aller seiner Teile – z.B. Texte, Tabellen und Grafiken - urheberrechtlich geschützt. Jede Verwertung außerhalb der Grenzen des Urheberrechtsgesetzes bedarf der vorherigen Zustimmung des Verlags. Dies gilt insbesondere auch für auszugsweise Nachdrucke, fotomechanische Vervielfältigungen (Fotokopie/Mikroskopie), Übersetzungen, Auswertungen durch Datenbanken oder ähnliche Einrichtungen und die Einspeicherung und Verarbeitung in elektronischen Systemen.